Die Adventszeit ist eine Zeit, in der wir auf das Kommen Jesu warten.

AF238882

Sie lädt uns aber auch ein, erst einmal bei uns selbst anzukommen. Wenn uns das gelingt, kommen wir in Berührung mit unserer Sehnsucht. Es ist die Sehnsucht nach »mehr«, nach dem Geheimnis, das größer ist als wir selbst, die Sehnsucht nach Heimat und Geborgenheit, nach einer Liebe, die uns erfüllt.

1

Die Sehnsucht hält uns lebendig,

doch viele Menschen wollen sie nicht spüren, sondern hier und jetzt schon die Erfüllung. Sie wollen die Spannung nicht aushalten, in die uns das Leben gestellt hat. Letztlich existiert in der Sehnsucht in uns eine Ahnung von Gott, der allein unsere tiefste Sehnsucht zu erfüllen vermag. Die Sehnsucht ist die Spur, die Gott in unser Herz eingegraben hat.

2

Die Sehnsucht ist keine Flucht vor der harten Wirklichkeit.

Vielmehr können wir die Durchschnittlichkeit unseres Daseins, unserer Arbeit, unserer Beziehungen erst aushalten, wenn wir wissen: Unser Leben muss und kann gar nicht unsere Sehnsucht erfüllen. Weil die Sehnsucht das alltäglich Erlebte übersteigt, können wir Ja sagen zu dem, was wir im Alltag erfahren.

3

Maria ist bereit zu glauben.

Sie traut Gott zu, dass er erfüllen wird, was der Engel ihr versprochen hat. Sie lässt sich auf das Abenteuer mit Gott ein. Sie weiß nicht, was sie erwartet. Aber sie vertraut darauf, dass Gott es gut mit ihr meint und Großes mit ihr vorhat.

4

Weihnachten erfüllt unsere Sehnsucht nach einem neuen Anfang

und hilft uns dabei, das Vergangene loszulassen und uns mit neuer Lebendigkeit der Zukunft zu widmen. Denn wir sind nun nicht mehr uns selbst überlassen. Gott selbst ist in unsere Geschichte getreten und hat mit uns einen neuen Anfang gesetzt. Er bleibt bei uns. Er ist der Immanuel, der Gott mit uns.

5

Die zentrale Botschaft der Weihnachtsgeschichte lautet:

Gott ist in Jesus in unsere Geschichte eingetreten, um sie zu heilen, um uns aus unserer Zerrissenheit herauszureißen und uns mit seinem göttlichen Leben zu erfüllen. Durch die Geburt Jesu sind wir selbst zu Söhnen und Töchtern Gottes geworden.

6

Setze dich vor eine Kerze

und lass das milde Licht in dein Herz fallen. Halte deine Hände auf deine Brustmitte und spüre, welche Sehnsucht in dir auftaucht. Lass sie zu und folge ihr, dann wird sie dich in die Tiefe deiner Seele führen, in den inneren Raum der Stille. Dort kommst du innerlich zur Ruhe, da spürst du: Ich bin angekommen bei mir.

7

Wir sind oft innerlich zerrissen,

weil wir vieles in uns ablehnen, was unserem Idealbild von uns widerspricht. Der Friede von Weihnachten bedeutet, dass wir in Einklang kommen mit allem, was in uns ist.

8

Die Geburt Jesu

verheißt uns, dass wir nicht festgelegt sind durch die
Verletzungen, die wir erlitten haben, durch das Scheitern,
verpasste Chancen, zerbrochene Lebensträume. Die Geburt Jesu
verheißt: Gott feiert auch mit uns einen neuen Anfang. Ganz
gleich, wie unser Leben bisher gelaufen ist, wir dürfen die alten
Träume von einem erfüllten Leben wieder neu träumen.

9

Kinder Gottes!

Dieses Bild drückt unsere Würde aus. Und es zeigt, dass wir in Gott unseren Grund haben und nicht in der Anerkennung der Menschen. Kind Gottes zu sein heißt für mich: Ich bin ich. Ich bin einmalig. Ich muss mich nicht vor anderen beweisen oder rechtfertigen und ich muss nichts vorweisen. Ich darf einfach sein. In diesem einfachen Sein habe ich teil an Gott, der das reine Sein ist.

10

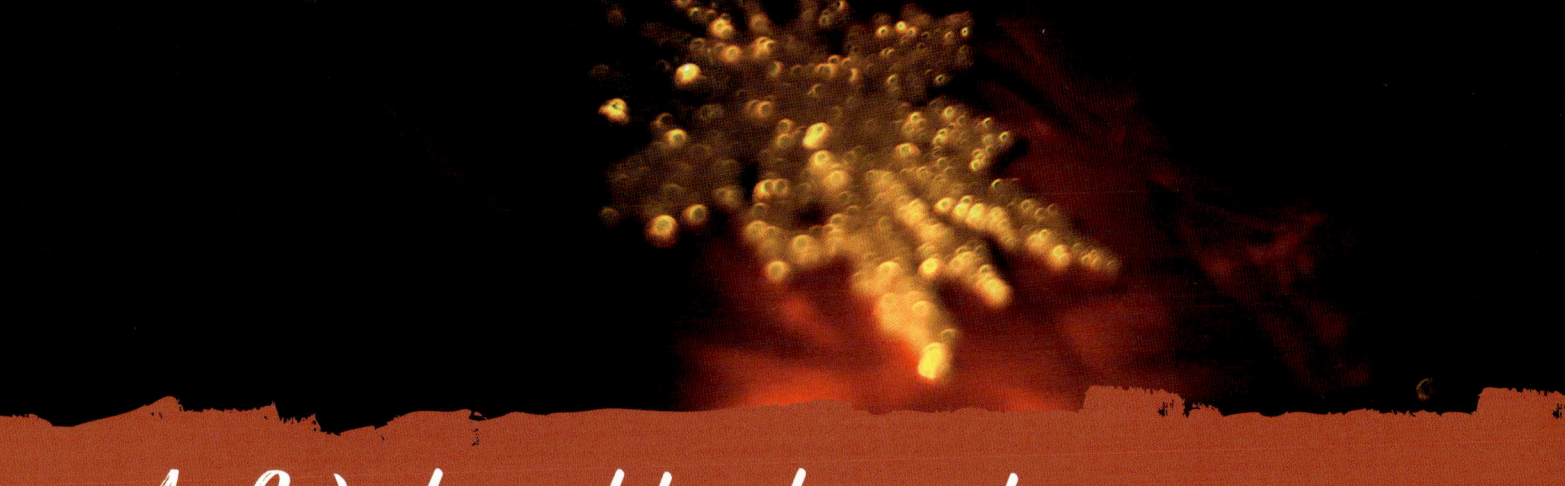

An Weihnachten kommt in der Gottesgeburt

in unserer Seele das einmalige Bild Gottes in seinem wahren Glanz zur Geltung. Unser wahres Selbst beginnt zu leuchten. Wir sind dankbar für die einmalige Gestalt, in die Gott uns hineingeformt hat.

11

In dem Kind Jesus schenkt uns Gott seinen eigenen Sohn.

Gott selbst tritt ein in unsere Welt. Deshalb wächst in uns die Hoffnung, dass diese Welt heller und heiler wird, friedlicher und versöhnter.

12

Wenn wir uns an Weihnachten ein frohes und gesegnetes Fest wünschen,

haben diese Wünsche darin ihren Ursprung, dass wir selbst dem göttlichen Kind in der Krippe begegnet sind und unser Herz vom Frieden Christi erfüllt worden ist. Dann werden wir auch fähig, einander in neuer Weise zu begegnen.

13

Betrachte ein weihnachtliches Bild

mit Maria und dem göttlichen Kind. Lass es in dein Herz dringen, sodass du mit dem Kind in dir in Berührung kommst. Es ist ein göttliches Kind, das dem ursprünglichen und unverfälschten Bild Gottes in dir entspricht. Versuche, dieses göttliche Kind in dir zu spüren, vielleicht erfährst du dann einen tiefen inneren Frieden und eine große Freiheit: Du musst dich nicht beweisen, du bist ganz du selbst. Du erlaubst dir, einfach nur zu sein, ohne dich beweisen zu müssen.

14

Durch die Geburt Jesu werden Himmel und Erde miteinander verbunden.

Gottes Herrlichkeit erscheint in der Höhe. Und auf der Erde erscheint in Jesus Gottes Friede. Das griechische Wort für Frieden – »eirene« – meint dabei nicht nur die Beseitigung von Krieg und Streit, sondern das Heil, das Gott wirkt.

Weihnachten ist die Verheißung,

dass alles Finstere in uns erhellt wird durch die Liebe Gottes, die uns in dem Kind in der Krippe besucht, die genau hineingeht, wo wir wohnen. Diese Liebe will für immer bei uns bleiben. Sie hält es mit uns aus, damit wir uns selbst aushalten können.

16

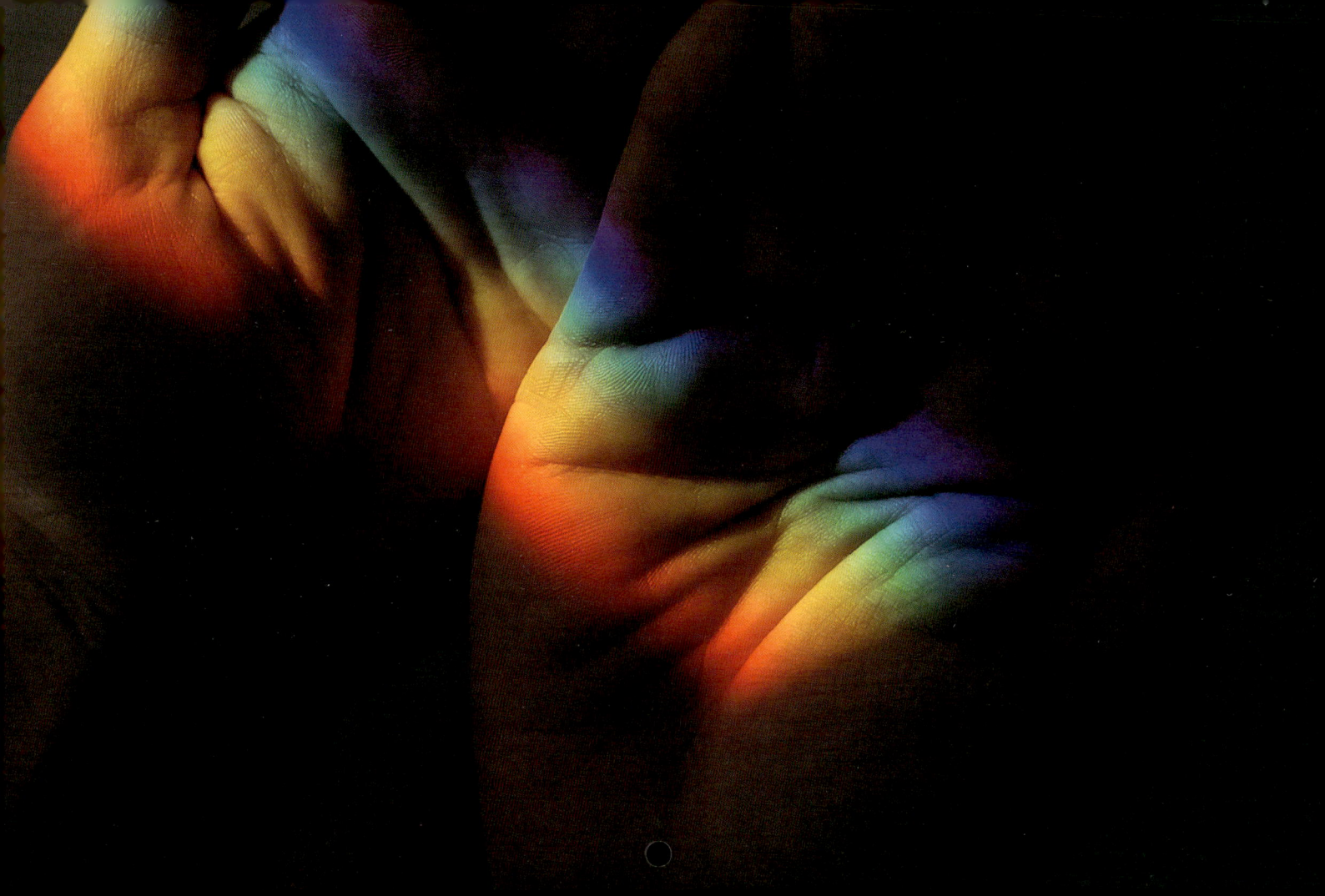

Wenn wir vom Licht Gottes erfüllt sind,

dann strahlen wir dieses Licht nach außen hin aus. Das Licht von Weihnachten will unseren ganzen Leib erleuchten, was dann aber auch verlangt, dass wir unsere Schattenseiten, unsere Schwächen und Fehler davon erleuchten lassen. Es verlangt, dass wir in aller Ehrlichkeit alles in uns aufdecken und es Gott hinhalten.

17

Wir schauen in diesem Kind in der Krippe Gottes Herrlichkeit.

Aber Weihnachten bedeutet auch, dass wir uns selbst und die Menschen um uns herum mit anderen Augen anschauen können. Auch in ihnen leuchtet Gottes Herrlichkeit auf, weil Gott in Jesus Mensch geworden ist und dadurch alle Menschen mit seinem Licht erfüllt hat.

18

Gottes Herrlichkeit möchte in uns aufleuchten,

das wird unsere Augen verwandeln, die voller Licht sein werden. Dann werden wir uns so erfahren, wie es Lukas beschreibt: »Wenn dein ganzer Körper von Licht erfüllt und nichts Finsteres in ihm ist, dann wird er so hell sein, wie wenn die Lampe dich mit ihrem Schein beleuchtet« (Lukas 11,36).

19

An Weihnachten feiern wir,

was wir an jedem Tag des Jahres vertrauend bekennen
dürfen: Ich bin nicht allein. Gott ist mit mir. Gott ist in mir.
Sein göttliches Leben, seine göttliche Liebe ist in mir und
verwandelt mein Leben.

20

Setze dich still hin und atme ruhig.

Beim Einatmen sage dir: »Ich bin ...« und beim Ausatmen: »... die Herrlichkeit Gottes«. Stelle dir dabei vor, dass diese Herrlichkeit beim Ausatmen alle Bereiche deines Leibes und deiner Seele durchdringt. Du lässt das Licht Gottes bis in den Grund deiner Seele hineinströmen. Dann wirst du dich anders erfahren. Du spürst deine wahre Wirklichkeit. Du bist selbst Licht geworden, weil Gottes Licht alles in dir durchdringt.

21

Der Engel verkündet uns eine große Freude,

die alle nächtliche Dunkelheit aus uns vertreiben möchte. Der Grund dieser Freude ist nicht nur das Licht, das uns im Engel umstrahlt, sondern auch seine Botschaft. Er verkündet uns, dass uns in Jesus der Retter geboren ist, der unsere Wunden heilt, der unsere brüchige Lebensgeschichte ganz macht.

22

Der Engel begleitet und behütet uns,

damit in uns wirklich Weihnachten werden kann, damit Gott auch in uns geboren wird und wir in Berührung kommen mit diesem einmaligen Bild Gottes in uns. Dann wird unser Leben gelingen.

23

Heute feiern wir Weihnachten.

Heute ist ein neuer Anfang möglich. Stelle dir vor, wie du am Tag deiner Geburt daliegst, nackt, noch nicht festgelegt. Dein Leben liegt vor dir. Keiner schreibt dir vor, wie du leben sollst. Du bist frei von den Erwartungen, Wünschen, Projektionen anderer. Stelle dir vor: So frei wie damals sieht Gott dich auch heute noch. Er bindet dich nicht, er legt dich nicht fest, sondern möchte heute mit dir neu anfangen. Wenn Gott in dir geboren wird, wird alles neu, du bist frei von der Last der Vergangenheit.

24

Bildnachweis:

Titelmotiv: © Rike_/istock.com

Bilder im Innenteil: 1 © Svea Anais Perrine/photocase.com, 2 © bluejayphoto/istock.com, 3 © splendens/
istock.com, 4 © querbeet/istock.com, 5 © swissmediavision/istock.com, 6 © derGleissberg/photocase.com,
7 © aeduard/istock.com, 8 © Anja Janssen/istock.com, 9 © xijan/istock.com, 10 © blyjak/istock.com,
11 © pmmart/istock.com, 12 © Strelciuc Dumitru/istock.com, 13 © cstar55/istock.com, 14 © ilbusca/istock.com,
15 © Tsvetan Ivanov/istock.com, 16 © LoveSilhouette/istock.com, 17 © inside-studio/istock.com, 18 © udra11/
shutterstock.com, 19 © Marina Lohrbach/istock.com, 20 © piola666/istock.com, 21 © ghenadie/shutterstock.com,
22 © jaboo2foto/istock.com, 23 © sbossert/istock.com, 24 © Pekic/istock.com

Impressum: © Astrid860/istock.com

1. Auflage 2022

© Vier-Türme GmbH, Verlag, Münsterschwarzach 2022

Alle Rechte vorbehalten

Textredaktion: Marlene Fritsch

Gestaltung: wunderlichundweigand

Druck und Bindung: Benedict Press,

Vier-Türme GmbH, Münsterschwarzach

 CO2-neutral produziert

ISBN 978-3-7365-0460-8

www.vier-tuerme-verlag.de

EMAS
GEPRÜFTES
UMWELTMANAGEMENT
DE-180-00072

Vier-Türme-Verlag

Der Verlag der Mönche von Münsterschwarzach

»Die Geburt Jesu verheißt uns, dass wir nicht festgelegt sind durch die Verletzungen, die wir erlitten haben, durch verpasste Chancen, zerbrochene Lebensträume. Die Geburt Jesu verheißt: Gott feiert auch mit uns einen neuen Anfang. Ganz gleich, wie unser Leben bisher gelaufen ist, wir dürfen die alten Träume von einem erfüllten Leben wieder neu träumen.«

ANSELM GRÜN

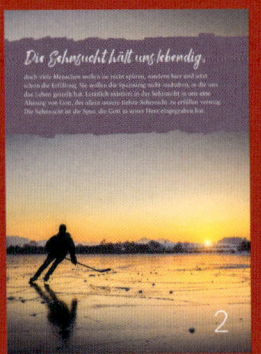

www.vier-tuerme-verlag.de

ISBN 978-3-7365-0460-8